AF250489

LE TITRE DE LA RÉPUBLIQUE

ET

L'ÉGALITÉ SOCIALE

PAR

L.-F. CHAVANES

Le Solitaire

———

1er DÉCEMBRE 1885

———

BOURGES

IMPRIMERIE PIGELET ET TARDY

15, RUE JOYEUSE, 15

——

1885

LE TITRE DE LA RÉPUBLIQUE

ET

L'ÉGALITÉ SOCIALE

PAR

L.-F. CHAVANES

Le Solitaire

1er DÉCEMBRE 1885

BOURGES

IMPRIMERIE PIGELET ET TARDY

15, RUE JOYEUSE, 15

—

1885

INTRODUCTION

La brochure intitulée, *Vérités électorales*, qui a paru le 1ᵉʳ juillet dernier, indiquait que la France abaissée ne pouvait se relever que par l'union de partis différents d'aspirations politiques et que par l'abnégation patriotique à l'effet de former un grand parti national, sous le nom de conservateur, l'espoir de la nation française, pour combattre, sur un terrain solide, aux élections qui ont eu lieu le 4 et 18 octobre dernier.

Cette vérité établie et qu'un succès a confirmé, m'autorise à livrer à la publicité cet opuscule dont le titre se fait également sentir en présence de la nouvelle situation politique produite par les élections.

Je le fais dans l'intention d'éviter à mon pays une crise qui pourrait être plus malheureuse encore que celle actuelle et pour ôter des illusions à beaucoup de conservateurs qui sont tous mes amis politiques.

J'ai beaucoup hésité à faire cet appel parce que j'ai déjà remarqué que celui qui dit ou écrit ce qu'il pense, se fait rarement des amis, et que ce vieux dicton : Toutes vérités ne sont pas bonnes à dire parce qu'elles peuvent blesser, pourrait être vrai ; mais je le dois à l'intérêt général qui m'agite et à mon grand désir, but de mes pensées, de faire l'union entre toutes les classes sociales formant la nation française. Aussi j'espère que cette considération me vaudra l'indulgence du lecteur dans le cas où les idées qui vont être émises pourraient le blesser ; toutefois je me promets de ne les donner qu'appuyées sur des faits, pour permettre d'en apprécier toute la sincérité, laissant à ceux qui voudront les nier l'histoire de la France pour les défendre.

LE TITRE DE LA RÉPUBLIQUE

ET

L'ÉGALITÉ SOCIALE

J'ai été amené à donner ce titre à cette brochure, parce que j'ai reconnu que la suppression du principe de la légitimité héréditaire au pouvoir et le suffrage universel avaient renversé et déplacé toutes les responsabilités des pouvoirs de la France.

Beaucoup ont pu s'en apercevoir avant moi, je n'en doute pas; mais je vois que les partis qui se disputent l'honneur du gouvernement de mon pays ne s'en préoccupent pas suffisamment dans leurs débats politiques; c'est cependant ces faits qui m'ont conduit à cette conviction qu'il n'y avait aujourd'hui de logique et de possible qu'une seule forme gouvernementale en France : la République. Je pense en convaincre les esprits les plus prévenus par la démonstration qui va suivre.

La France a subi, depuis près d'un siècle, trois révolutions : la première a été faite pour acquérir le titre de la République qui a été conquis aux dépens de tous les titres existants, occupant un privilège dans l'État ; la seconde pour compléter la première et avoir le suffrage universel ; la troisième, qui est au pouvoir, que donnera-t-elle ? elle le dira prochainement, à voir sa marche progressive.

Si la Révolution de 1789 a eu lieu et si la France a été livrée à la démagogie, elle le doit à la faiblesse de caractère de Louis XVI, qui n'a pas su défendre son pouvoir. On peut dire aussi qu'elle a été l'œuvre de toutes les classes de la société ; parce qu'elle a été fomentée d'abord par Philippe d'Orléans, qui a été appuyé dans cette action politique par la noblesse tombée en décadence, qui ne trouvait pas suffisants les privilèges dont elle jouissait ; puis ensuite par les Parlements, le Clergé, le Tiers-État qui sont tous venus se liguer contre ce pouvoir dont ils se disputaient chacun les faveurs et voulaient s'en partager les bénéfices sans avoir à en supporter les charges. L'entente à ce sujet ne pouvant se faire entre eux, ils ont appelé le peuple à venir soutenir leurs prétentions diverses ; ce sont ces faits qui sont la cause de la première Révolution, qui s'est terminée par le nivellement de tous les partis politiques, dont les revendications ont été éteintes dans le sang de leurs partisans par la furie des démagogues qui s'étaient emparés du pouvoir.

Dans cette révolution, chaque classe a eu sa responsabilité. Le peuple, par un vote de ses représentants, a supprimé la royauté légitime. Il a, par ce fait, exprimé sa volonté de rompre avec les anciennes institutions et coutumes et de choisir le chef appelé à le gouverner.

Le droit que s'est donné le peuple de fixer à son choix le pouvoir, a eu pour effet de suspendre le principe de la légitimité héréditaire au pouvoir que possédaient les rois de France. Je dis suspendre, parce que beaucoup de bons esprits espèrent encore voir revivre cette forme de gouvernement, mais, pour moi, il est définitivement perdu sans retour possible, parce que le suffrage universel l'a tué et qu'il serait aujourd'hui un non sens politique que la raison ne pourrait admettre dans les conditions où s'exerce actuellement le pouvoir en France.

Le pouvoir de Louis XVI est tombé par la faiblesse et l'indécision de son caractère; il est un exemple frappant que l'autorité dans ce monde, tant élevée soit-elle, ne se soutient pas d'elle-même.

Un fait que je dois signaler à l'attention des hommes politiques, qui peut prouver combien le principe de la légitimité au pouvoir de la France est atteint dans sa vitalité, c'est que tous ceux qui l'ont occupé dans l'espace de plus de quatre-vingts années et qui tous ont voulu lui donner une base d'hérédité, aucun n'a réussi à établir souche à ce pouvoir; cependant les lois constitutionnelles n'ont pas fait défaut pour assurer les droits successifs à ces différents trônes. Napoléon III, que la nation avait accueilli pour chef, s'est vu forcé, pour conserver son pouvoir, de le faire confirmer à nouveau par le suffrage universel ; eh bien, malgré cela, il est tombé de ses mains parce que sa naissance était un titre d'ambition que l'intérêt national n'avait pas réclamé.

Maintenant je vous ferai remarquer que la République, depuis près d'un siècle, a été trois fois le gouvernement de la France, que son pouvoir ne s'est jamais effondré comme celui des royautés et des empires, par commotions révolutionnaires ou sous le poids des armées étrangères. Non, aux diverses époques où elle a été le gouvernement de la France, elle a eu des chefs qui ont trouvé insuffisant à leur ambition le titre sous lequel ils en détenaient le pouvoir ; ils se sont fait attribuer par la Nation le titre d'Empereur avec lequel ils ont gouverné et sous lequel ils sont tombés ; mais le titre de la République est resté intact ; c'est pourquoi elle a conservé son prestige aux yeux du peuple. Il y a eu volontairement transposition de titres ; l'Empereur premier l'a obtenu par son génie, qui en imposait à la Nation ; Napoléon III l'a obtenu en imposant sa volonté à la France, qu'il a fait ratifier ensuite par le suffrage universel. La légitimité, dans l'intervalle de ces deux règnes, a été tentée encore deux fois : sous Louis XVIII et sous Charles X ; mais ces pouvoirs, sans forces nationales, n'ont pu se soutenir ; c'est alors qu'il y a eu ce gouvernement de transition et de raison, la Royauté des d'Orléans, qui a duré tout le temps que la raison, qui avait présidé à sa naissance, ne lui a pas fait défaut ; cela montre que la Légitimité, l'Empire et la Royauté sont maintenant sans base solide pour gouverner la France. Il ne reste donc plus de possible que la République, dont le pouvoir repose sur le droit populaire, lequel se trouve aujourd'hui attaqué de tous côtés par l'intérêt personnel des partis et l'ambition des individualités dans ces partis.

Ce sont des vérités que doivent approfondir les hommes politiques, s'ils ne veulent pas s'égarer sur la destinée gouvernementale de la France.

Aujourd'hui, c'est la République qui règne. Elle a cet avantage sur les autres qu'elle ferme l'ère des révolutions ; le peuple se lèvera pour la défendre, mais certainement ne s'insurgera pas pour la combattre et pour la détruire, parce que son principe est d'être le gouvernement de tous, et que son titre représente toutes les revendications populaires qui sont inscrites sur le drapeau de la France : Liberté, égalité, fraternité.

Je sais bien que cet emblème, que l'on voit écrit partout sur les monuments publics, est loin d'être une réalité ; que cette coupe pleine de bienfaits léguée au peuple, n'est pas donnée aux lèvres du plus grand nombre pour s'y désaltérer. On est forcé de reconnaître qu'il n'y a que les hommes au-pouvoir qui y boivent à plein cou, et la bande de fonctionnaires de toute sorte intéressés à soutenir les privilèges de ces hommes, néfastes à la République et à la France, qui peuvent venir y boire ; mais, que voulez-vous, le peuple français se paie et se contente facilement, dans son action politique, de mots et de promesses; des actes, il n'en réclame pas; les faits, il les oublie.

Les élections dernières en donnent une preuve convaincante. Vous avez pu voir les candidats, dans leurs programmes, entasser utopies sur utopies, promesses sur promesses, pour attirer à eux les voix des électeurs, à ce point qu'on ne pourrait jamais croire que ces professions de foi puissent être le fait d'hommes de gouvernement et d'hommes aspirant au pouvoir de la France.

Je ne parlerai pas des alliances produites au scrutin de ballottage, elles sont trop écœurantes. Je me contenterai de dire que ces élections ont fait assister les Français à une véritable comédie politique, qui aurait prêté beaucoup à rire, si la pièce qui s'est jouée sur ce vaste théâtre n'avait eu pour titre et n'était l'avenir de la France. On a pu reconnaître que les personnages, acteurs intéressés, qui se sont fait le plus remarquer sur cette immense scène, étaient les chefs des différents partis politiques républicains qui se disputent le pouvoir de la France; ils portaient chacun un costume agrémenté de nuances différentes pour pouvoir se reconnaître. On dit, et c'est à croire, qu'ils avaient pour rôle à remplir celui de rendre l'imbroglio politique existant en France. Il faut leur accorder cette justice qu'ils s'en sont tiré très habilement, surtout par cette déclaration que les acteurs sont venus faire au public.

qu'ils étaient tous aussi républicains les uns que les autres. C'est cette déclaration et le fouet de la discipline avec lequel ils ont rallié, comme un troupeau, les républicains indisciplinés, qui leur ont valu la grande majorité dont ils s'enorgueillissent. Quant aux voix qui ont été données aux conservateurs, ce sont celles d'hommes que l'union et la raison ont conduit aux urnes électorales, et aussi celles d'électeurs qui ont regardé comme une honte d'obéir à l'arme électorale des républicains, le fouet de la discipline, que les forçats connaissent et qui est employé en Sibérie sur les Cosaques (peuple russe). Voilà la vérité électorale, ne la cherchez pas ailleurs.

Je ne m'attarderai pas, vous le comprendrez, à faire l'énumération de toutes les utopies qui ont été affichées, ni à discuter la valeur de ces promesses. Je dirai à ce sujet que ce sont des fruits sauvages, offerts aux électeurs à chaque période électorale, qui ne mûrissent jamais ; par conséquent le peuple ne peut les manger. Cette remarque sera suffisante, je le pense, pour permettre d'en apprécier et d'en juger la valeur. Toutefois je me demande quelle confiance peut inspirer au pays une telle majorité et quel avenir elle peut réserver à la France.

Vous remarquerez que le premier consul Bonaparte, qui a su donner vie et force au gouvernement de la République par ces deux choses admirables que vous connaissez : le Code civil et le Concordat, son pouvoir a été adulé, parce qu'il était craint ; il a été admiré, parce qu'il possédait l'intelligence supérieure nécessaire à tous chefs devant occuper le pouvoir d'une nation, et qu'il n'est tombé que par le fait de son ambition outrée et qu'après avoir épuisé toutes les ressources de la France.

Le pouvoir légitime que possédaient les rois de France avant la Révolution de 89 était soutenu par des seigneurs féodaux, par la noblesse et le clergé dans la personne des évêques qui se partageaient les faveurs royales et les charges bénéficiaires. Si ce pouvoir a perdu de sa consistance, cela tient à l'ambition et à l'intérêt personnel des hommes possédant ces priviléges qui ne voulaient pas contribuer aux charges incombant au pouvoir, ni subvenir aux besoins de son trésor. Aussi s'est-il vu forcé de vendre les anciens fiefs et de créer de nouvelles charges bénéficiaires, qui ont fait entrer dans ces forteresses, gardiennes de ce pouvoir, une nouvelle noblesse argentée qui a porté atteinte à la dignité des premières et diminué le respect dont elles étaient entourées : c'est là une des premières causes de sa chute, dont ce pouvoir ne peut plus se relever, parce que le suffrage universel a pris sa place dans la nation et qu'il serait actuellement une utopie, son soutien naturel, la noblesse ayant disparu comme force nationale.

Cette raison, le premier Consul de la République l'avait bien comprise. Aussi s'est-il empressé, quand il s'est fait sacrer empereur, d'instituer des sénatoreries, avec des émoluments considérables, pour entourer et appuyer son nouveau pouvoir. Il fit, en outre, dix-huit maréchaux de l'Empire, pour en relever la majesté; mais, remarquez-le, à cette époque le trône était tout, parce que celui qui le possédait avait l'intelligence supérieure pour le défendre, et, qu'aujourd'hui, c'est le contraire qui existe; le trône n'est rien et le suffrage universel est tout : ce sont des faits que les conservateurs ne devraient pas oublier.

Je sais bien que l'on peut m'opposer les dynasties régnantes en Europe, dont le pouvoir repose sur le principe héréditaire et dont la prospérité est au moins égale à celle que donne la République actuelle, c'est vrai; mais, je répondrai que le caractère de ces peuples ne ressemble pas au nôtre; puis, que le suffrage universel, ce grand levier électoral des peuples, n'est pas admis dans ces gouvernements qui sont dirigés, pour la plupart, par des hommes capables, qui comprennent l'intérêt national de leur pays et ne le sacrifient pas à leurs satisfactions personnelles. Toutefois, il n'en est pas moins vrai que ces dynasties restent à la merci d'un mouvement populaire qui aurait pu déjà s'accentuer si la République avait donné à ces peuples l'exemple d'une prospérité honnête et progressive; car, croyez-le, l'avenir appartiendra aux nations libres où la vraie liberté ne sera pas mesurée.

Cela me remet en mémoire une réponse faite, dit-on, par le vieux monarque Guillaume à

M. de Bismarck, qui le pressait d'agir contre
l'Espagne à l'occasion de leurs différends concernant des colonies : « Non, Bismarck, n'insistez
pas, dit l'Empereur. J'ai assez d'une république
en Europe. » Pensées profondes qui précisent
combien est différend l'intérêt de ces deux grands
personnages vis-à-vis de la nation allemande :
le premier, au bord de la tombe, n'est préoc-
cupé que de sauvegarder l'avenir de sa dynastie ;
le second ne pense qu'à la gloire pour son pays
et à l'honneur qui peut en rejaillir sur lui et
sa famille. Ce qui peut confirmer cette appré-
ciation, c'est cette vieille querelle entre les deux
hommes d'État allemands, MM. de Bismarck et
le comte d'Arnim, concernant l'établissement
de la République en France, que l'on voulait
contribuer à faire pour profiter des divisions
qui pourraient en résulter, et que l'autre ne
voulait pas dans l'intérêt de la dynastie de son
pays.

Il n'en est pas moins vrai que, si la République se maintient en France, M. de Bismarck
aura eu tort ; car, c'est le gouvernement le plus
fort pour porter la guerre sur le territoire étran-
ger, la soutenir et défendre la patrie : l'avenir
le prouvera, et l'Allemagne pourra l'apprendre
un jour à ses dépens.

Je m'étends beaucoup sur le principe du
pouvoir légitime et sur celui du droit populaire, parce que c'est la pensée principale de
cet écrit, dont je désire faire l'élucidation aussi
complète que possible pour le lecteur, afin de

lui démontrer que toutes les monarchies reposant sur le droit héréditaire sont mortes, l'empire comme la royauté, et qu'elles ne peuvent se rétablir en France avec le suffrage universel, dont le pouvoir est le contraire du principe de l'hérédité légitime : c'est ce qui explique pourquoi le titre de la République est utile à garder par le parti conservateur à la France, par la raison que son prestige aux yeux du peuple provient de ce qu'il a été acquis au détriment des classes privilégiées, pour servir à toutes les classes sociales qui forment la nation, et amener ainsi entre elles une union naturelle.

Maintenant, est-il nécessaire d'établir pour les partis des royautés et empires, qu'ils ne peuvent s'attribuer séparément, les voix données au parti conservateur? Je ne le pense pas, car ils doivent être convaincus que, s'ils n'ont pas remporté une victoire complète au premier tour électoral, c'est parce qu'ils n'ont pas eu la raison de cacher suffisamment leur étiquette. Il ne peut donc y avoir aujourd'hui que les chefs de ces partis qui ont intérêt à le faire croire, et les partisans naïfs, fanatisés par ceux qui ont la bonhomie d'y croire. S'il devait rester un doute à cet égard, je maintiendrais que si la coalition des légitimistes-bonapartistes-royalistes n'a pas réussi à renverser du pouvoir les hommes incapables qui gouvernent la France, c'est parce qu'ils représentaient le titre de la République que ces partis ont eu le tort de laisser penser qu'ils voulaient attaquer. Ils ont, par ce fait, abandonné le terrain solide de l'union, sans étiquette autre que celle de conservateurs, qui était leur seule force d'action électorale et l'arme de combat qui devait leur assurer le succès : c'est là la cause pour laquelle ils ont été vaincus par l'arme républicaine, le fouet de la discipline.

Si la lutte électorale a passé par-dessus la tête de la République, comme l'a indiqué la brochure *Vérités et Vérités*, il n'est pas moins pénible de constater que c'est à un pareil moyen et à ce misérable argument que ces hommes, profitant de l'ignorance des masses populaires, doivent d'avoir pu conserver le pouvoir. N'est-ce pas indigne pour une nation comme la France de s'entendre dire qu'elle ne peut pas être gouvernée par la raison? N'est-ce pas une honte pour un peuple d'apprendre qu'il ne peut marcher avec ordre que par la discipline.

Lorsque j'écrivais que les partis devaient disparaître parce qu'ils jetaient l'individualité française dans l'esclavage, n'avais-je pas raison?

Comment, Français, vous accepteriez que la discipline supprime votre liberté de juger et d'apprécier les actes des hommes au pouvoir. S'il en était ainsi, je vous dirais que vous n'êtes pas dignes de posséder la liberté que vous ont donnée vos pères par la Révolution de 89, et que vous outragez la mémoire de

Ledru-Rollin, le père du suffrage universel, par l'incapacité que vous montreriez à vous en servir. Ce sont toutes ces considérations qui me font vous crier : Si vous ne voulez pas sauver vos âmes, sauvegardez au moins vos intelligences du despotisme des partis qui vous rendent esclaves, parce qu'ils vous ôtent le pouvoir de les apprécier et le droit de les juger.

Dans presque tous les programmes des candidats républicains, on voit figurer cette réclame : Séparation de l'Église d'avec l'État, et suppression du budget des cultes. Je ne sais si cette question complexe verra arriver le jour de sa discussion à la Chambre; il est permis d'en douter, car les conséquences pourront être graves et les complications grandes pour le gouvernement qui la mettra sur le tapis; mais, si elle vient à s'ouvrir, je demanderais que ce grand débat ne soit pas étouffé par cet argument final du dieu politique des républicains : Le Cléricalisme, c'est l'ennemi.

Je le dis, parce que j'ai remarqué que toutes les fois que les orateurs avaient à soutenir une discussion politique qu'ils ne pouvaient appuyer sur le droit, la raison et la justice, c'était à cette sentence républicaine, au sens immoral et faussé qu'ils avaient recours.

C'est dans cette idée qui m'effraie que je me demande s'il y a nécessité sociale à aborder ce débat redouté par les meilleurs esprits; je ne le crois pas. Aussi, malgré mon incompétence à traiter ce sujet, je demanderai à en dire quelques mots avec le simple bon sens d'un campagnard que lui donne l'air libre et pur qu'il respire.

Sous le règne de Louis XVI, les ministres des cultes, dans la personne des évêques, occupaient et formaient dans la nation un ordre à part. Ils jouissaient des charges bénéficiaires et des faveurs royales.

La Révolution de 89 a supprimé les ordres, les titres et les privilèges. A cette époque il n'y avait plus d'Église reconnue par l'État, ni de budget des cultes. La séparation de l'Église d'avec l'État était donc un fait accompli, et le budget des cultes n'avait pas à être supprimé parce qu'il n'existait pas. Cette situation a duré tout le temps révolutionnaire; elle a produit ce que vous savez, et le culte de la raison établi pour la sauvegarde des pouvoirs du Directoire. Il faut donc maintenant examiner qu'elle est la cause qui a fait cesser cet état de choses réclamé aujourd'hui par certains hommes politiques, et pourquoi les hommes de ce temps qui ont contribué à abolir le culte catholique, sont venus, quelques années après, contribuer à le rétablir. C'est, on est forcé de l'avouer, parce que la nécessité s'en était fait sentir, et qu'elle était devenue une obligation sociale. Le génie de Bonaparte, premier consul, avait reconnu qu'il né pouvait donner vie et force au gouvernement de la République que par la religion catholique, apostolique et romaine, qui était précédemment le culte dominant dans l'État. C'est cette raison qui a donné naissance à cette œuvre admirable, le Concordat, par lequel il a rétabli en France le culte catholique, et par lequel il a réglé les rapports et les droits du pouvoir du Chef de l'Église avec ceux du pouvoir de l'État français. Quoi de plus beau et de plus grand que l'accord de ces deux autorités d'essence différente. Donc, remarquez-le, la sanction pénale a été laissée et reste inscrite au code du droit français : ce qui rend les ministres des cultes dépendants du pouvoir de l'État.

Comment, c'est cette œuvre admirable de paix, de concorde qui a donné à la France la tranquillité religieuse, la vie et la force au gouvernement de la République que vous promettez d'attaquer; c'est l'union admirable de ces deux autorités différentes de nature et d'action, qu'il a fallu tout le génie de Bonaparte pour réaliser, que vous voulez détruire; mais, c'est de la folie politique; il faut être tombé dans l'imbécilité pour agir ainsi.

Prenez garde, républicains, que l'on vous dise que ce n'est pas la séparation de l'Église d'avec l'État que vous voulez, mais bien une nouvelle spoliation que vous voulez commettre en faisant la suppression du budget des cultes qui, vous le savez, n'est qu'une trop juste réparation de la confiscation des biens du clergé opérée pendant la Révolution.

Maintenant, si vous faites la séparation, je vous demanderai ce que deviendront ces magnifiques cathédrales, ces beaux monuments religieux. Qu'en ferez-vous? Qui sera gardien de ces chefs-d'œuvre qui sont les témoins existant depuis des siècles de la grande foi chrétienne des Français? Les affermerez-vous, en ferez-vous des théâtres ou des casernes, dites-le franchement; que le pays sache enfin ce qu'il doit penser d'hommes au pouvoir de la France qui osent promettre de contribuer à détruire les gloires de la chrétienté, lesquels monuments font l'admiration de tous les archéologues qui les visitent et de tous les étrangers qui les voient; car la conséquence logique est celle-ci : l'État ne voulant plus avoir ce culte reconnu, l'État n'a plus d'intérêt à conserver et à entretenir des monuments servant à ce culte, qui ont été construits uniquement dans ce but.

On le voit, le cléricalisme est le fantôme des républicains. Ils craignent de le voir s'emparer du pouvoir et de le voir dominer. Le clergé français est aujourd'hui très éclairé et pénétré de sa mission divine. Les prêtres fanatiques sont rares maintenant. Il sait qu'il n'a qu'à perdre à se mêler aux luttes politiques et qu'il ne peut exercer de pouvoir national ou le dominer sans manquer au principe religieux dont il relève, qui lui a été donné par Dieu pour soutenir l'homme et l'éclairer par la force de ces principes dans ses actions politiques et autres; parce que les principes religieux qu'il possède et qui sont sa seule force pour parler et agir sur l'esprit humain, lui ont été donnés par Dieu, ce qui les rend supérieurs à tous les autres; c'est l'explication probable que les pouvoirs de l'Église sont infaillibles parce que ses principes ont un sens imagé de Dieu et que les pouvoirs humains, représentés en ce monde par les États, les nations, sont faibles parce qu'ils sont un sens imagé de l'homme.

L'Église est le phare lumineux qui éclaire le monde par ses missions admirables de dévouement et de sacrifices qu'elle envoie dans les pays les plus reculés de la terre.

L'Église est la seule représentant les maximes sublimes du Christ qui s'est donné en exemple au monde pour le détacher des biens terrestres. La France est le point lumineux qui marque les progrès de la civilisation pour les autres peuples; parce qu'elle a été baptisée fille aînée de l'Église, et qu'à ce titre son rôle est tracé. Si les républicains l'attaquent et si les révolutionnaires ne veulent pas reconnaître son culte c'est que les maximes de l'Église montrent que l'intérêt personnel doit s'effacer devant l'intérêt général : leurs attaques contre la religion prouvent qu'ils sont les ennemis du bien social, et que les révolutions de 89 et 48 sont des faits inconscients de la volonté de l'homme; je le démontrerai.

Les élections terminées et la farce jouée,

suivant la promesse faite par le ministère Brisson (libertés électorales), vous voyez des organes républicains déclarer que la politique suivie par les hommes au pouvoir n'est pas fructueuse, et que le gouffre où nous sommes menacés de tomber s'élargit toujours et qu'il est urgent d'arrêter l'ineptie gouvernementale : cela conduit mon esprit à cette réflexion.

Comment se fait-il que des hommes élevés à la fortune ou arrivés par leurs capacités scientifiques, industrielles et militaires à des positions supérieures soutiennent et attachent leur char politique à celui des hommes qui gouvernent si mal la France depuis sept années ; j'y vois deux mobiles : les uns agissent par la crainte de perdre leurs situations et leurs positions, les autres agissent par grandes ambitions. Les premiers sont à plaindre, les seconds sont à blâmer : mais tous les deux sont une des causes du mal profond qui divise la société ; aussi ne devront-ils pas être étonnés s'ils supportent les premiers les conséquences de leurs faiblesses et de leur manque de jugement.

Aujourd'hui, serait bien fin et habile celui qui pourrait annoncer comment se terminera cette crise politique où se trouve la France, qui réagit sur ses finances, frappe l'industrie, l'agriculture, le commerce, laquelle s'aggrave tous les jours et va rendre toutes les situations précaires ; car personne n'ignore que les hommes qui gouvernent la France ont deux préoccupations : la première, garder le pouvoir, la deuxième, combler le déficit existant. Ils espèrent réaliser ces deux ordres d'idées différentes : 1° en donnant satisfaction aux demandes des partis avancés; 2° en s'entendant avec eux pour faire la séparation de l'Église d'avec l'État et surtout du budget des cultes; 3° en leur accordant l'impôt sur le revenu.

Tout cela ne résoudra pas la question sociale qui restera toujours ouverte et menaçante, car ce sont les mêmes tâtonnements, les mêmes essais qui ont préludé aux deux révolutions que la France a subies et qui ont produit ce que vous savez : la suppression du principe de la légitimité au pouvoir, et l'assassinat juridique du plus faible des rois, ainsi que la loi des suspects qui est venue compléter cette justice trop lente pour la furie des démagogues qui s'étaient emparés de la France, puis le suffrage universel.

Ne pourrait-on pas craindre, que de céder toujours et de donner continuellement satisfactions sur satisfactions aux partis avancés, les anarchistes n'arrivent à s'emparer du pouvoir et ne vident sur le dos de beaucoup d'entre nous les querelles des partis qui, par intérêt personnel, se disputent aux dépens de la France.

N'a-t-on pas à craindre que dans cette lutte politique d'ambitions personnelles ils ne procèdent arbitrairement à l'égalité sociale qui sera forcément l'œuvre de la troisième Révolution, dans les conditions où l'intérêt person-

nel des partis et l'ambition des individualités
dans ces partis, placent la nation française ;
car ma conviction est que si les hommes qui
gouvernent ne sont pas arrêtés sur la pente
dégradante qu'ils font descendre au pays, la
France va se trouver prochainement en face
des socialistes qui lui disent non sans raison :
L'égalité politique s'est faite en France par
la suppression des droits successifs au pouvoir
que possédaient tous les enfants légitimes des
rois, et des privilèges attachés à ces naissances
royales dynastiques au pouvoir ; puis par le
suffrage universel qui en était la conséquence.

L'égalité sociale peut se faire par la suppression des droits succéssifs des enfants
légitimes aux pouvoirs de leurs pères et mères,
et des privilèges que possèdent ces naissances
à leurs fortunes, puis par l'instruction gra-
tuite qui en est la conséquence.

On ne peut nier que la suppression des
principes de la légitimité héréditaire au pouvoir de la France, décrétée pendant la première
Révolution, a été trouvée logique puisqu'elle a
donné lieu au gouvernement de la République ;
c'est ce qui me fait penser qu'à part l'oppor-
tunité et la proportionnalité qui peuvent être
discutées, elle sera une raison pour faire
considérer la suppression des droits successifs
et des privilèges de la fortune accordés aux
naissances légitimes des individualités, tout
aussi logique que celle qui a frappé les nais-

sances royales; d'autant plus qu'elle peut se faire par la loi sans commotion violente à chaque cessation d'existence.

Cette idée peut se soutenir par bien des raisons : 1° par l'histoire de la création du monde qui nous apprend que Dieu à créé l'humanité pour travailler sur la terre, et que chacun doit devoir sa prospérité et son bien-être à ses bras et à son intelligence; 2° par cette vérité c'est que l'avenir des biens terrestres et de la fortune n'est pas dû aux individus; il n'y a que les nations qui possèdent le sol national et la fortune publique auxquelles il est donné; 3° par la nature elle-même productive de la naissance humaine, qui l'indique par cette certitude : c'est que les enfants dans les soins qu'ils reçoivent des pères et mères passent par ces trois phases, l'amour, l'amitié, l'attachement, qui, à la majorité des enfants, se fondent en une habitude pour donner place à l'intérêt personnel qui prime les trois autres considérations, parce que cet intérêt est nécessaire à l'humanité pour assurer son existence et défendre les droits quelle possède; c'est pourquoi il devient la règle de sa conduite en cette vie.

Je parlerai aussi de la nature animale qui ne nourrit ses petits que pendant le temps où ils ne peuvent chercher eux-mêmes leur nourriture, parce que l'humanité, sans la religion, est conduite à cette dernière extrémité.

La République pourra donner la liberté, l'égalité politique, l'égalité sociale, ce sont des choses qui rentrent dans le centre d'action des pouvoirs des hommes, mais la fraternité ne peut se commander ni ne peut obéir à la volonté des autres; elle est une pensée de l'homme qui a besoin d'être éclairé toujours; il n'y a que par la religion qu'elle sera obtenue parce qu'elle seule indique à l'homme qu'il doit aimer son prochain et lui montrer que si son existence matérielle finit sur la terre, sa pensée continue à vivre et à s'éterniser dans un monde céleste.

On va me répondre sans doute qu'il n'y a pas de crainte que l'égalité sociale prenne racine et soit acceptée par la nation, parce que quels que soient les hommes qui prendraient le pouvoir, ils ne consentiraient jamais à priver leurs enfants et leur famille du privilège de la fortune pour laquelle ils travaillent. Je le reconnais; mais prenez garde, vous savez que l'on n'arrète pas un torrent produit par des eaux fluviales accumulées, pas plus qu'on empêche de déborder un verre d'eau trop plein. Il en est de mème des passions humaines; si vous leur cédez toujours, elles finissent par s'accumuler et augmenter tellement qu'elles ne peuvent plus être satisfaites; elles deviennent alors un torrent et un fléau qui renversent tous les obstacles. Je pense utile de dire toutes ces choses parce que en me reportant au temps de la Révolution de 89, je sais que les propriétés étaient invendables et incultivables faute de bras; que les immeubles étaient inhabités, que les fortunes de toutes sortes étaient représentées par des assignats sans valeur, et que la sécurité personnelle était réglée par la loi des suspects; pensez à ce qu'une pareille loi pourrait produire d'effet avec le suffrage universel dans l'état de divisions où nous sommes. Ce sont des faits que l'on ne peut nier et que nos hommes politiques oublient dans les satisfactions personnelles d'un pouvoir qu'ils croient ne pas devoir leur échapper.

On pourrait répondre que le retour de pareilles ignominies n'est plus possible, que la propriété est très divisée, que beaucoup possèdent et sont intéressés à soutenir l'ordre de choses actuel. Je crains que ces assertions ne soient pas fondées; parce qu'il se trompe souvent celui qui juge les autres meilleurs que soi. On doit savoir que l'intérêt personnel fait toujours regarder au-dessus de soi et non au-dessous : tout cela est insuffisant à m'ôter cette idée que ce qui est arrivé peut encore arriver; d'autant plus que je me demande quel frein ces hommes apporteraient aux passions de ces agglomérations d'individus auxquels ils cherchent à enlever toutes les idées religieuses qui sont les seules barrières morales et spirituelles restantes à leur oposer pour les arrêter.

Ils ne peuvent plus compter sur les lois civiles et militaires, connaissant le cas qui en est fait dans ces réunions d'hommes où on vous dit : la loi, je ne la connais pas, je m'en f....

Le peuple est souverain. Pour celles militaires
ils savent que l'obéissance en est discutée et
que, pour plusieurs, cela a été une cause d'arriver aux honneurs, à la Chambre et au Sénat.
Mais ces hommes pourront faire toutes les lois
draconiennes qu'ils voudront; ils en ont déjà
un arsenal plein; mais, qu'ils le croient s'ils
ne veulent pas exposer la France à une catas-
trophe, elles seront sans force dans les conditions où s'exerce maintenant le pouvoir, avec le
suffrage universel, s'ils ne les appuyent pas sur
la religion, car elle est la seule force existante
encore aujourd'hui dans l'État pour empêcher
le gouvernement de la République de devenir
un gouvernement révolutionnaire, si toutefois
elle est soutenue dans son action par le pouvoir.
Mais il répond : je ne puis la soutenir et je suis
même forcé de l'attaquer parce qu'elle ne veut
pas défendre les institutions républicaines que
la France s'est données. Je le dis, la religion ne
le peut pas; elle manquerait au rôle que Dieu
lui a assigné sur la terre, si elle le faisait. Sa
mission est plus belle, plus élevée; elle ne doit
ni attaquer ni défendre, elle a été donnée au
monde pour éclairer et soutenir par ses principes sublimes les hommes et les nations dans
leurs actions; mais elle ne peut sauver ni les
uns ni les autres, malgré eux : elle ne peut que
les accueillir quand ils viennent, et les aider
de ses conseils.

Le droit de l'hérédité des enfants légitimes à
la fortune des père et mère a déjà été touché

par la loi, qui a ôté le droit d'aînesse pour l'étendre à tous les enfants légitimes du même lit. Si la loi a pu déjà régler ce droit, elle peut de même aujourd'hui l'étendre davantage et déclarer, qu'à chaque extinction d'existence, toute la fortune du décédé qu'elle soit territoriale, immobilière, ou en valeur quelconque, qu'une loi ferait toute nominative, deviendrait la propriété de l'État pour être répartie au profit et sur la tête de tous les enfants de la France.

Ces choses sont des conséquences logiques qu'entraînent les faits révolutionnaires qui ont commencé par la suppression de l'hérédité des naissances royales et des dotations qu'elles possédaient, et ensuite par le suffrage universel : tout cela, vous le reconnaîtrez, a changé l'assiette des pouvoirs, des responsabilités et des fortunes, et me conduit, pour donner toute ma pensée sur ce sujet, de remonter à l'origine du pouvoir légitime de l'homme ; ce que je ferai en quelques mots.

Dieu en créant l'homme lui a donné une compagne, la femme, pour qu'ils puissent s'entr'aider mutuellement et avoir une nombreuse génération. Il a, par ce fait, établi le pouvoir de l'homme et marqué ainsi la séparation des deux pouvoirs : Dieu, le créateur, et César l'homme.

L'homme possédant le pouvoir que lui donnait le fait de sa création a pensé et jugé qu'il pouvait transmettre le pouvoir qu'il avait à l'aîné de ses enfants, lorsque l'âge ou les infirmités ne lui permettraient plus de l'exercer utilement dans l'intérêt de sa famille. C'est ce jugement de l'homme qui a constitué le droit d'aînesse et le droit légitime au pouvoir du chef de famille, et ce sont ces droits qui ont réglé pendant des siècles les gouvernements légitimes de la France.

C'est donc le jugement de l'homme qui a été condamné par une agglomération d'hommes au profit du plus grand nombre : ce sont les pouvoirs que possédait un seul homme que plusieurs se sont attribués par intérêt personnel.

De ces faits, sans droits pour les défendre autres que l'intérêt général, il en ressort les conclusions logiques suivantes:

C'est que les droits personnels que l'homme possédait lui ont été ôtés dans l'intérêt général d'hommes formant la Nation : ce qui donne à l'État français, qui représente les intérêts de toutes les individualités, le droit d'accaparer tous les intérêts individuels au profit de toutes les individualités dans l'intérêt général. C'est en réalité l'homme qui a fait abandon de ses droits et de ses intérêts personnels en faveur des droits et des intérêts nationaux qui sont ceux de tous les Français.

Tout ce qui précède est pour montrer que l'intérêt personnel de l'homme prime sur ceux de sa famille comme sur ceux nationaux et tous autres, et que c'est cet intérêt personnel qui domine sur toutes ses affections terrestres; que les hommes, par le fait de la suppression de l'hérédité légitime au pouvoir et des dotations attribuées à ce pouvoir et aux naissances royales, ont entendu condamner par les révolutions qui ont eu pour effet de remettre les intérêts politiques et sociaux de l'homme entre les mains d'un être impersonnel appelé la Nation, qui en est le représentant général et doit en disposer en faveur de tous ceux qui la composent : c'est cette raison qui a fait donner le suffrage universel au peuple.

Je sais qu'il est très difficile de toucher à la bourse des gens, et que c'est la plaie incurable du cœur humain, à ce point que l'homme sacrifie sa vie pour défendre sa bourse, absolument comme si sa bourse devait lui survivre et l'aider à passer la barque à Caron et à assurer son existence dans un autre monde. — Ce sont de ces choses contraires aux règles du bon sens et que l'on voit journellement. Je comprends que l'on défende sa femme, ses enfants et l'ensemble du bien-être du foyer, mais que l'on sacrifie sa vie pour quelques pièces de cent sous que l'on a dans sa poche, je ne l'admets pas. Je le dis pour démontrer combien chez lui cet intérêt de la fortune est ancré et est plus fort que sa raison, et combien les hommes de la Révolution ont bien fait d'enlever ces dotations à ces pouvoirs, qui devenaient par le fait de transmissions successives, des fortunes tellement considérables qu'elles étaient une puissance dans l'État et servaient souvent à le combattre.

Autrefois, ces fortunes étaient entre les mains

des seigneurs féodaux, de la noblesse et du clergé; aujourd'hui elles sont dans les mains des grands dignitaires de l'État et des familles qui se sont succédées au pouvoir, ou de ceux qui en ont hérité, ainsi que dans les mains de ceux qui l'occupent encore, qui, par le fait de transmissions successives, arrivent à une telle importance qu'elles donnent à ceux qui les possèdent une force qui leur fait dominer le suffrage universel et dégréer le navire de l'État.

Vous avez reconnu que le pouvoir n'était pas transmissible par hérédité, parce que l'intelligence nécessaire à tout chef d'État n'est pas dévolue de droit à toute naissance.

Les fortunes arrivées à ces chiffres considérables qu'elles forment un pouvoir dans les mains de ceux qui les possèdent, sont-elles transmissibles sans préjudices pour les intérêts nationaux. Je ne le crois pas, et je pense que l'État, dans l'intérêt général, a le droit de fixer à chaque cessation d'existence quelle en sera la quotité transmissible en faveur des enfants du décédé, de manière à établir la part de ou des enfants et la part de l'État.

Ce qui prouve que les hommes de la première Révolution ont bien entendu supprimer tous les privilèges existants: ceux de la fortune comme les autres; c'est qu'ils ont fait décréter par la Nation que les fortunes appartenant aux différents ordres occupant ces privilèges dans l'État seraient considérées comme biens nationaux.

Maintenant, cette transmission d'hérédité à la fortune, qui est fondée en droit puisqu'elle s'appuie sur la loi, peut-elle se défendre de même dans les conditions où s'exerce le pouvoir national avec le suffrage universel : je ne le crois pas. Elle était logique avec les pouvoirs concentrés dans une seule main, le Roi. C'était l'intérêt personnel se défendant contre le pouvoir personnel ; mais aujourd'hui que les pouvoirs sont transportés aux mains de la Nation, l'intérêt politique personnel disparaît, insuffisant, perdu dans le nombre, et n'est plus qu'une cause de dissensions politiques parmi le peuple; il n'y a maintenant que l'intérêt national qui peut se défendre contre le pouvoir national. Cette question est encore discutable : d'abord par cette raison que j'ai déjà indiquée, que l'avenir des biens terrestres et des fortunes n'appartient qu'aux nations qui possèdent le sol national, et qu'il n'est pas dû aux individus; parce que, suivant la loi de la création, ils doivent les acquérir par leurs bras et leur intelligence ; puis aussi parce que cette transmission est souvent faussée dans son action et marche contre le but et le désir des père et mère, car on voit des enfants dissiper dans des folies de toutes sortes les économies qu'ils ont faites et annuler ainsi tous les sacrifices qu'ils se sont imposés pour assurer leur avenir, et cela dans l'orgueilleuse espérance de voir revivre leur nom.

La loi a réglé l'impôt du sang et en a limité la durée, en rendant chaque français, capable de porter les armes, soldat jusqu'à quarante ans.

La loi a réglé et limité au profit de la Nation le pouvoir personnel par le suffrage universel donné au peuple. Pourquoi la loi ne réglerait-elle pas et ne limiterait-elle pas au profit de la Nation le droit d'hérédité, et cela à chaque cessation d'existence.

Est-ce parce qu'elle pourait toucher aux intérêts des hommes au pouvoir de la Nation ou à ceux de leurs familles et de leurs amis. Dans ce cas, dites-le, ce serait alors votre condamnation qui prouverait que la Révolution est un mensonge, qu'elle a été faite uniquement par intérêt personnel et non par intérêt national, et que vos pères ont eu tort de la faire ; ce qui vous mettrait alors dans l'obligation de réunir tous vos efforts pour rétablir en France le pouvoir légitime et les dotations royales, et cela parce que vous auriez reconnu que le suffrage universel était une utopie, que l'intérêt national était une duperie et qu'il n'y a de vrai aujourd'hui que l'intérêt personnel, puisque tous vos grands mots à effet pour le bonheur du peuple et que toutes les promesses de vos professions de foi ne sont que des tirades pour endormir ou des balançoires pour amuser le peuple tombé dans l'imbécilité.

On me dit : mais ce que vous proposez ne fait pas l'égalité sociale complète : il y aura toujours des pauvres et des riches. Je le reconnais, cela est évident et le sera toujours, parce que l'égalité n'est pas de ce monde, la nature humaine elle-même nous l'indique.

Les enfants ne naissent pas tous intelligents, tous forts, tous bien faits, tous beaux, non. Ils naissent suivant les perfections et les imperfections incombant à leur nature ; mais, remarquez-le, les pouvoirs et l'existence de ces enfants sont limités comme enfant et comme homme, par Dieu le Créateur. — La force et la vie des animaux sont limitées, les arbres, arbustes, fleurs et plantes de toutes sortes sont limités dans leur pousse et dans leur vie. Tout dans la nature terrestre est limité. Il n'y a qu'une chose qui ne l'est pas, c'est l'ambition des hommes, cause de ses malheurs et de ceux de la France.

Un être impersonnel peut seul la limiter : c'est la Nation, et c'est à elle qu'incombe ce devoir, si elle veut pouvoir exister, vivre prospérer, et conserver les intérêts généraux dont elle a charge.

Dans quelle mesure le fera-t-elle ? là est la question grave. N'ayant pas les éléments nécessaires à une pareille discussion, je ne puis que donner mes idées à ce sujet.

La loi ne peut avoir d'effet rétroactif, cela n'est le fait que des révolutions. Elle ne peut avoir d'action qu'à chaque cessation d'existence et ne doit atteindre que les grosses fortunes dont l'importance est telle qu'elles s'imposent aux autres et les dominent d'autant plus que ces fortunes, amassées et obtenues par l'intelligence, la capacité et le mérite, dépassent ensuite souvent l'intelligence de ceux qui les possèdent et leur en fait faire un mauvais usage.

La loi ne peut atteindre celle qu'obtient l'homme pendant sa vie par son travail et son intelligence; elle lui appartient de droit, elle est dans son lot terrestre et lui est nécessaire pour l'activer dans ses actions et arriver à une somme de bien-être plus grand pour lui et sa famille.

La loi ne doit pas atteindre ces modestes fortunes dont l'ambition naturelle de ceux qui les possèdent est de se renfermer et de servir au bien-être de ceux qui les entourent.

Si la loi était faite dans ces conditions elle pourrait produire ces résultats : ce serait de supprimer progressivement les impôts personnels et de consommation ; les impôts qui frappent le commerce, l'industrie et l'agriculture; ce qui rendrait la vie générale des hommes plus facile, — et elle aurait surtout cet effet considérable de limiter et d'arrêter l'ambition des hommes qui conduisent la France à sa perte.

Maintenant, quand je dis plus haut que les révolutions qu'a subi la France étaient des faits échappés à la volonté des hommes. Est-ce que je me serais trompé ? Est-ce bien là ce qu'ont voulu les révolutionnaires : faire le sacrifice de leurs intérêts personnels au profit de l'intérêt général. Je ne le crois pas, parce que l'histoire des faits qui se sont passés enseigne le contraire, et ce n'est pas trop m'avancer de dire que si l'idée de l'égalité sociale devenait un jour projet de loi, les Français assisteraient à ce triste contraste politique qui serait que les républicains deviendraient d'aussi outrés légitimistes qu'ils sont actuellement d'outrés républicains. Tous ces faits et toutes ces choses conduisent à cette grande vérité, c'est que les décrets de Dieu, impénétrables à l'humanité, dirigent la marche des nations et dominent les volontés des hommes.

J'ai été amené à ces idées par mon grand désir de trouver un moyen qui puisse faire l'union entre toutes les classes sociales qui forment la Nation, et aussi parce que je pense qu'il serait préférable pour tous de voir à la tête de la France des hommes qui mettraient fin aux questions qui divisent les classes entre elles, par une bonne organisation progressive, au lieu d'attendre qu'elles soient imposées et tranchées par la furie de démagogues dont tout le jugement est l'arbitraire : ce que donne à craindre l'ineptie du gouvernement actuel de la République. Car il est évident que ce n'est pas une existence pour un peuple de vivre continuellement dans l'antagonisme d'idée et de choses qui marquent la séparation des classes entre elles et les empêchent de s'unir et de s'entendre pour le bien général de la France : Car, ne croyez-vous pas qu'il ne vaudrait pas mieux aborder de front toutes ces difficultés de l'existence de l'homme, de les étudier et de les résoudre une fois pour toutes, que de s'exposer tous les vingt à trente ans à voir tous les travaux de l'homme, tous les sacrifices qu'il fait pendant sa vie pour lui et sa famille être détruits par des révolutions successives. Car on voudra bien m'accorder que si ces deux dernières révolutions, 48 et 71, n'ont pas produit de plus grandes calamités, et si les crimes ne se sont pas étendus davantage cela tient à une volonté supérieure à celle des hommes, qui peut se lasser de toujours donner et de ne rien recevoir de ces hommes en hommages et en reconnaissance.

J'ai donc dû suivre les hommes qui sont à la tête du gouvernement de la République et me placer sur le terrain qu'ils ont choisi, celui de l'intérêt personnel qui domine dans leurs actions politiques, afin de pouvoir les combattre et arrêter, si c'est possible aussi, ce débordement d'ambitions des individualités existant dans tous les partis qui se disputent le pouvoir et qui prime l'intérêt national.

Il est vrai qu'en politique tout ce qui est intérêt personnel s'use vite; il est facile d'en juger par la grande consommation de ministres et de fonctionnaires que le gouvernement a fait depuis sept années. Mais à voir ce qui se passe encore aujourd'hui à la Chambre des députés, je crains bien que ce soit là le seul progrès que l'on puisse en attendre pour le profit de la nation. Vous comprendrez que dans ces conditions il est grand temps d'arrêter ces hommes dans cette marche périlleuse pour tous les intérêts français, et je ne vois pas d'autre moyen que celui de proposer aux Chambres de faire l'égalité sociale.

J'ai lu quelque part ces paroles attribuées

au génie de l'empereur Napoléon : L'Europe sera républicaine ou cosaque (peuple russe) ; pensées grandes pour l'avenir des nations. J'avoue que dans les conditions où se trouve la France et l'Europe, je considère cette perspective ouverte. Le suffrage universel, qui a donné l'égalité politique au peuple de la France, en sera le premier jalon ; l'égalité sociale en sera le second, parce que son application complète le demande.

Les républicains du jour au pouvoir rendront les français cosaques.

Les républicains conservateurs au pouvoir donneront une République universelle, progressive, pour le bien de tous : c'est entre ces deux alternatives que les français auront à choisir.

Les deux Chambres vont avoir à se réunir et former un Congrès, pour choisir le chef du gouvernement de la France, appelé Président de la République. Les conservateurs pourraient beaucoup dans cette action politique s'ils avaient la sagesse de rester sur le terrain solide de l'union auquel ils doivent leurs élections, c'est à cette condition seule qu'ils pourraient rallier à eux les forces disséminées des partis républicains dont la division va s'accentuer encore, et former ainsi un grand parti conservateur national dont la force s'imposerait à tous les partis, ce qui lui permettrait de pouvoir débarbouiller la *Marianne* républicaine et faire que tous les honnêtes gens puissent l'embrasser sur les deux joues, comme le disait si gentiment l'honorable général Géslin, dans une réunion publique; c'est alors que les républicains pourraient reconnaître que le Concordat est aussi utile à la conservation de la République que le titre de la République est nécessaire à garder par les conservateurs à la France, et combien il est utile pour les électeurs français de ne pas voter pour des écervelés politiques.

Pour cela il faudrait, par ce temps d'ambitions individuelles, une loi qui déclarât que toute personne occupant une position officielle, qui profiterait de cette situation pour servir ses intérêts personnels aux dépens de ceux de l'État et de son honneur, serait responsable non seulement sur sa personne, mais encore sur sa fortune, et que tous ceux qui se prêteraient et profiteraient de ces abus encourraient la même responsabilité.

Que voulez-vous, à de grands maux il faut des remèdes énergiques pour les combattre ; la France, très malade, en demande, pour se guérir, l'application, par la création d'écoles de droit et d'honnêteté politiques, où les enfants qui se destineraient à cette carrière pourraient apprendre que l'intérêt national doit primer tous les autres, ce que nos hommes d'État actuels semblent ignorer, ainsi que beaucoup d'individualités politiques ; car on dirait qu'ils ne veulent pas savoir que l'honnêteté n'exclut pas l'habileté politique, et que c'est à la pratique de ces deux qualités que les hommes vraiment supérieurs se font reconnaître.

J'ai été entraîné à énoncer tous ces faits et à les

présenter entourés de considérations diverses, parce que je suis grand partisan de la liberté pour mon pays que j'aime et que je voudrais voir jouir d'une vraie liberté, égale pour tous, reposant sur le droit, et donnée dans une chambre de justice, où pauvre et riche seraient toujours confondus et d'où l'arbitraire serait chassé n'importe sous quel nom qu'il se cache. C'est ce qui me fait repousser la liberté que donnent les hommes du parti au pouvoir, parce qu'ils ne veulent reconnaître que celle qui porte l'étiquette républicaine qui leur donne la liberté pour eux, la justice à eux et la religion à leur dévotion.

La liberté, l'égalité, la fraternité françaises, ils ne les comprennent pas ; ce qui les rend incapables d'occuper le pouvoir de la France.

C'est pourquoi je fais un appel suprême à tous les électeurs français pour sauver la France, et je m'adresse au peuple pour sauver le peuple.

CONCLUSIONS

La France a eu quatre formes gouvernementales qui ont occupé son pouvoir.

La première reposait sur le principe de la légitimité successive et sur le droit qu'avait le chef de la famille nationale de céder son pouvoir à l'aîné de ses enfants ; elle a duré des siècles.

La Royauté constitutionnelle et l'Empire n'ont pu se soutenir et ont duré peu de temps parce que la base d'hérédité sur laquelle ils ont voulu faire reposer ces pouvoirs n'avait rien de légitime et manquait de fondement, d'intérèt national.

La République peut se soutenir parce qu'elle repose sur le droit populaire et que son pouvoir a pour base d'hérédité la Nation, et pour fondement l'intérêt national ; elle périra comme la légitimité lorsqu'il sera prouvé au peuple qu'elle ne remplit pas ses devoirs sociaux d'intérêt général, cause de sa naissance.

Dans ces conditions :

1° La sagesse commande de n'appartenir à aucun des partis dont l'intérèt personnel et l'ambition des individualités dans ces partis ont usé les forces productives.

2° La sagesse ordonne, dans l'intérêt de la France, de faire l'union des partis et de les concentrer en un seul pour former, sous le nom de conservateur, un grand parti national dont la force que lui donnerait sa grande majorité électorale en imposerait aux partis et dominerait l'ambition des individualités.

3° La sagesse impose l'obligation patriotique d'appartenir, dans l'intérêt général, au parti conservateur, le seul qui, aujourd'hui, avec le suffrage universel, puisse donner la sécurité politique et personnelle.

L'égalité sociale fera travailler chacun dans la mesure de ses forces et de son intelligence à l'édifice social de la France.

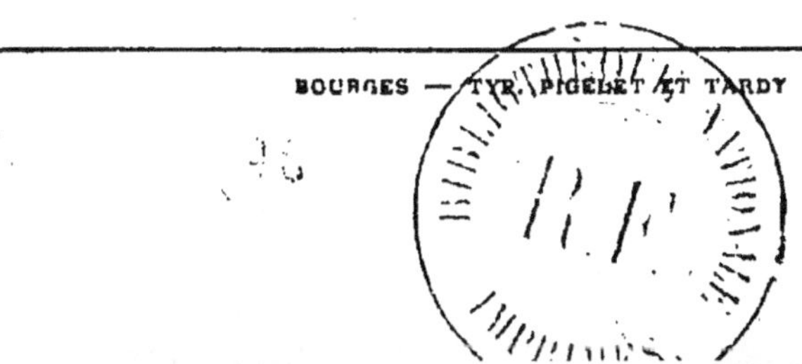

BOURGES — TYP. PIGELET ET TARDY